Park Jeongsik

시인 박정식

강촌물의 언어

박정식 시집

강촌물의 언어

시학
Poetics

■ 시인의 말

'오마이가스레인지렁이빨대나무당벌레몬스터키스네이크군단'
— 'Oh my God!'을 길게 우리말로 부르는 말

  열 살 아들이 만들어 낸 주문 같은 말을 배우려다 혀가 꼬이기에 진지하게 써 달라고 했더니, 친절하게 써 주었다. 나 역시 힘이 필요할 때면 'AKARAKA'라고 소리쳐 본 경험이 있는데, 끝말을 이어 가며 만들어 놓은 아들의 말은 흥미로웠다. 나의 시들은 이런 것이다. 그저 사소한 일상에서 건진 것들이다. 그러나 사소한 것들은 행복이었다. 그래서 의미 있는 것이 있으니, 그것이 시였다.
  〈닥터 후Doctor Who〉라는 영국 드라마에는 내부의 공간이 외부보다 넓은 '타디스TARDIS(Blue Box)'라는 파란 우체통 모양의 기계가 나온다. 모든 것들이 가지고 있는 안과 밖, 그 안에 있는 소중한 소리들을 책 안에 넣어 안과 밖을 연결해 보고 싶었다. 시에서는 가끔 시간과 공간이 서로 만나 소멸되고, 안과 밖이 만나는 모습이 나타나는 만큼, 꽤 적절한 소망이리라. 이 책은 20년이 조금 넘게 계속된 시작詩作의 결과물 집합체이지만, 시작은 시작始作과 발음이 같으니, 끝이 아니라 소중한 사람들과 사물들의 기억을 기록하는 새로운 시작이 될 것이라 믿는다.

2012년 시월 가을에 송향松香 씀

차 례

■ 시인의 말

제1부 오래된 기억

아가 15
딸기 무늬 원피스 16
삐비꽃 17
눈, 나비, 아가 18
시골에 다녀오면 나는 죽음을 본다 20
엉겅퀴 22
옛집은 없다 23
편지 24
꽃점, 꽃춤 25
검정 고무신 26
옛 시집을 보며 28
통보용 29
공空 30
30년 전 기억 31
이상 기념관 32
낙엽 34
선지해장국에 소주 35
명품 보따리 36

소주	38
슬프도록 아름다운 풍경	40
고향	41
반공일이 놀토가 되기까지	42
연평도	44
여인의 향기	46

제2부 별과 눈물

강촌물의 언어	49
가을비	50
나비 둥지	51
독방에서의 꿈	52
헉헉거림	54
목련	56
바다	57
이상한 시詩	58
보라색 코트	60

하숙생	61
전산 시간	62
가을빛	63
시詩가 무엇이냐	64
다시, 시작	65
찰칵, 기억을 놓치다	66
보름달	67
뭍으로 기어오르는 전설	68
시詩는 시時	70
사적인 시간의 역사	71
삶을 기록하는 사진기	72
진눈깨비	73
여백보다 넓은 점	74
바다의 숨결	75
서술할 수 없는 것	76
너는 시	78

제3부 뭘 찾니, 행복

행복한 표정	81
꿈을 담은 철가방	82
대화	84
나무가 있는 집	86
당신의 집	87
낯선 사람	88
창문	90
작고 소박하고 아름다운	92
TV	93
가을	94
빈방	95
광화문 연가	96
쉼표	97
기약 없는 무無	98
내 마음의 창문	99
오작교	100
햇살	101
문자로 지은 집	102

제4부 밍구망구

아가와 문자메시지　107
철판 위의 자작나무　108
아가와의 대화　110
기억과의 대화　111
귓밥을 파다　112
메밀 베개　114
화려한 오찬　115
달님은 따라쟁이　116
매미와의 대화　117
거북이 세 마리　118
가을 산책　120
아다지오　121
빗속의 향기　122
바다에 다녀온 후　123
쑥국을 끓이며　124
검은색을 찍다　125
해 속의 노랑나비　126

■ 자평自評　140

제1부

오래된 기억

아가

논두렁에 누워 하늘만 보는 아가야
김매기가 끝날 때까지 누워만 있는 아가야
뜸부기 우는 논두렁에서
엄마 내음이 나지 않니
아기 소가 엄마 소와 풀을 뜯는 동안
이슬 같은 눈물
바알간 볼에 말리고
너는 혼자 곤한 잠을 잔다

앳된 얼굴 수건에 감추고
조바심 내는 엄마는
발갛게 상기되었겠다
해 질 녘 포대기가 들추어질 때까지
하늘만 보는 아가야
한나절 태양에 덥혀진
엄마 등에 업히면
해님 같은 미소 지으며 파고들고
엄마 볼엔 몇 방울 이슬이
땀 냄새 풍기며 흐르겠다

딸기 무늬 원피스

동생과 바라보던 서쪽 하늘에
노을이 지면
딸기 무늬 원피스
어스름한 저녁 빛에 어울려
논길 따라 그림자 밟으며
장에서 돌아오시던 어머니

오이랑 호박이랑 가지는
바구니를 비우고
고등어, 새 운동화
사탕 한 봉지
눈깔사탕만한 해를 가리며
머리 위에서 흔들거렸다.
한 걸음 달음박질
반가운 길에는
돌부리도 비켜서고
바구니 받아 들고 오는 길에는
서산에 지는 해 그림자만 짙어 갔다.

삐비꽃

봄 오는 강둑
초록 싹 나오면
하얀 꽃을 보여 주던 삐비
뽀송한 솜털을 덮으며 수줍어하던
할미꽃 옆에서
그는 속살을 하얗게 드러내고
봄맛을 보여 주었다.

스물아홉 살
봄이 오는 강둑에
회색 재 뿌리며 콩 심던 어머니
호미 든 어머니는
흑백사진이 되어
강둑에 걸어오신다.

눈, 나비, 아가

가로등 불빛에 하얀 나비가 날아든다
흰 깃털 나부끼며 날아드는 하얀 나비
지붕을 뒤덮고, 장독대를 덮고
골목에 온통 춤추는 하얀 나비
집으로 돌아오는 아버지
발자국을 가볍게 덮고
가로등 불빛에 모여
붕어빵 한 봉지를 보며 반기고 있다
아랫목 지키는
그릇 속 하얀 쌀밥처럼
희고 고소한 나비

붕어빵 기다리는
까만 아기 눈망울에
나비가 춤춘다
품 안에서 나온 따듯함은 졸음을 깨우고
창밖 내려다보이는 동네는 온통
나비로 덮여

아직 봄이 오려면 열 밤도 더 있어야 하는데
노란 꽃이 피었다
멀기만 하던 앞 동네를
산꼭대기에서 내려다보니
봄을 제일 먼저 반기겠구나
아버지 머리에도 나비는 내려앉아
방 안에 들고
품에서 푸드덕 날아오르는 봄꽃 향기

시골에 다녀오면 나는 죽음을 본다

그곳에 갈 때면 나는 죽음을 본다
나를 대신하던 놈의 죽음
놈은 시간의 역류에 수그러들어
옛날의 나를 돌려준다
하늘을 사랑하던
제 몸을 파닥거리며 바람을
맞이하는 나뭇잎을
응시하던 나
너는 날씨를 유독 사랑했었다

그곳에서 돌아올 때면 나는 또 죽음을 본다
창밖의 모습에 한눈을 판 사이
놈이 추악한 모습으로 다가와 살인을 하곤
태연히 나를 버린다
나는 째깍대는 시계 초침만 보며
아무 일 없었다는 듯
자리에 가만히 앉아 송환된다
하지만 나는 놈이 밉지만은 않다

다른 놈들을 닮아 가는 나를 보며
안도하고 허약한 나를 놈들로부터
지켜 주기 때문이다
버스를 타고 집에 갈 때면
나는 놈의 생일잔치와 나의 장례를 번갈아 치른다

엉겅퀴

질경질경 씹으면
혓바닥 빨갛게
물들이는 봄
가시로 봄바람 찔러
아이들 손등을 트게 하고
뾰족한 꽃잎 내밀어
봄을 질투한다

옛집은 없다

장대비 앞에 두고 대청에 앉아
처마 끝 물소리를 듣고
한겨울
문살 붙들고 울던 바람
달그림자 문살 사이로 밤을 보여 주는
옛집은 없다
아궁이 고구마 맛내는 풍구는
골동품 가게에서나
만날 수 있다
토방도 고드름도 제비집도
문설주에 기대던 아이도 없다

생겨날 생각도 없이
담을 그릇도 없이
옛집은 사라지고
빈 그릇만 남았다
빈집은 기억 속에만 있고
사람들은 모두 가출하였다

편지

일기를 쓰다 말고
우표 한 장을 붙였다
곱게 곱게 풀을 칠하고
꿈틀거리는 손짓을 봉했다
낮에 본 해님과
파란 하늘에 그렸던
그녀의 얼굴
달빛에 모아
너에게로 가는 마음을 그렸다

꽃점, 꽃춤

쓴다, 쓰지 않는다
쓴다, 쓰지 않는다
한 잎, 두 잎
꽃이 떨어진다

한 잎, 두 잎
아카시아 잎이 떨어진다
사랑한다, 사랑하지 않는다
사랑한다, 사랑하지 않는다

흩날린다
꽃이 시가 되어
춤을 춘다
꽃잎 춤춘다

검정 고무신

배를 만들고
모래를 싣고
심심풀이 돛을 달고
시내를 따라가던
검정 고무신
시장에서 돌아오신 어머니
머리 위 바구니 속에서
까맣게 빛나던
꼬까신을 신으면
발가락에 와 닿는 느낌이 좋았다
발바닥에 와 닿는 보드라움에 손 트는 줄 모르고
두 손에 쥐어 있던 검정 고무신
모래를 싣고 흙을 싣고
시냇물 송사리를 싣고
옆집 순이가 달아 준 돛을 달고
오늘로 미끄러져 왔다
옛 모습이란
옛 기억이란

박물관 액자 속에 걸리고
이제 어른이 된 아저씨의 발목을 잡고
까만 눈동자가 바라다본다

옛 시집을 보며

　뒷장 글자가 앞장에까지 눌려 있다. 제 존재를 알리며 올라와 듬성듬성 점자책 같은 종이, 70~80년대 분위기, 막 대학노트를 끼고 풋내기로 듣던 시절이 거꾸로 찍힌 판화처럼 다가온다.
　옛것은 현재를 감사하게 하는 것, 미래를 꿈꾸게 하는 것. 나의 과거는 오늘의 페이지에 그 깊이를 비치고 책장을 넘기다 다가오는 한 편의 시처럼 풍요로워라. 여백에까지 흰 그림자 드리우는 미지의 시, 너는 침 발라 곧 책장 넘기는 엄숙함으로, 시간을 거슬러 추억을 비치며 다가온다.
　무거운 일상에서도 새 페이지를 넘겼던 시집의 여백. 한 장씩 들출 때마다, 거름을 뿌려 속이 꽉 찬 시간의 대지여, 풍요로워라.

통보용

상벌점 통지서
제107학군단
학년 : 4 단번 : 4640
내용 : 전투화 수입 불량
훈육관 의견 : -1

P.S.
1994년 4월 8일 초록 캠퍼스
검은 구두약의 추억은 샤넬 넘버 5
향수에 대한 의견은 +1

공空

공空은 영원한 미美요, 채울 수 없기에 언제나 설렌다

30년 전 기억

외눈박이 할미와 무지렁이 할배에게 편지를 읽어 준 적이 있다 30년 전쯤이던가 검정 고무신의 국민학생이 한 글자 한 글자 읽어 내린 노부부의 편지에는 서울로 식모살이 간 어린 딸이 찬바람에 몹쓸 감기가 유행이 라는 이야기와 부디 건강하시라는 소망이 담겨 있었다 자식이 하나뿐이라 움집만이 엿듣는 흙마당에서 노부 부에게는 TV도 없는데 국민학생이 읽어 내리는 편지 에는 어렵게 옹알거리는 꼬부랑글자도 있어서 도외지 소식과 식모살이 딸의 그리움을 전해 주었다

움집마저 사라지고 집터마저 흔적이 없이 그저 도외 지 사람들로 채워진 고향 집 근처에는 곤로 옆에서 졸 다 치마에 불이 붙어 감기약 한 봉지 사들고 고향을 찾 지 못했다는 옛이야기가 멀리 방죽 옆을 지나던 아련 한 상여꾼 목소리처럼 제 할 도리를 다하고 소멸하는 몹쓸 억새풀을 흔들어 30년 전처럼 바람이 불어 기억 을 더듬어 준다

이상 기념관

조선총독부 내무국 건축과 건축기수, 의주통 공사장 그러니까 지금의 서대문 치안본부 자리. 현장감독이 오간 흔적들은 모두 지하에 묻히고 철조망이 갈라놓은 자그마한 자투리땅 그곳에 김해경 당신을 위한 무덤을 만들었으니, 미아리공동묘지에 잠들었다 개발 바람을 타고 어디론가 사라진 육신은 거두지 못하고 그 마음만 부른다. 건축장이와 시인의 손때가 묻었던 건물은 흔적이 없지만, 그대 영혼은 남았으니 이곳 서대문 165번지에 마땅한 무덤을 하나 계획한다.

1. 묘지명 : 치안본부 지하로 침입하는 전시실 깊숙한 곳 어둠 속에서 이상을 만난다.

2. 패러독스paradox : 격자와 치안본부의 철조망 담장에서 억압과 모순에 방황하던 침울한 이상을 느낀다.

3. 빛 : 선큰가든sunken garden과 아트리움의 빛에서 날고 싶은 이상을 만난다.

4. 관조觀照 : 2층 테라스와 옥외공원에서 위압적인 치안본부를 보며 이상을 기억하고 아我를 관조한다.

Concept

이상은 시인, 화가, 건축가다. 문학적 평가는 많았지만 인간 이상을 구체화시킨 것은 없었다. 우리는 그의 이름을 빌려 썼을 뿐이다. 이곳 이상 기념관은 이상에 관한 흩어진 자료를 모아 전시하며 이상의 사상을 체험하고 아我를 생각하게 할 것이다.

Site

1929년 이상이 조선총독부 건축기수로 의주통 전매청 공사장에서 숙식하며 첫 장편소설 『12월 12일』을 쓴 현재의 치안본부 자리. 치안본부를 그대로 두되, 철조망 밖 자투리땅과 치안본부 지하를 연결하고 지하로 침범한 전시실 맨 구석에는 이상의 무덤이 들어선다. 지상과 지하가 치안본부 철조망 담장으로 분리되어 있으니 적절한 경계다.

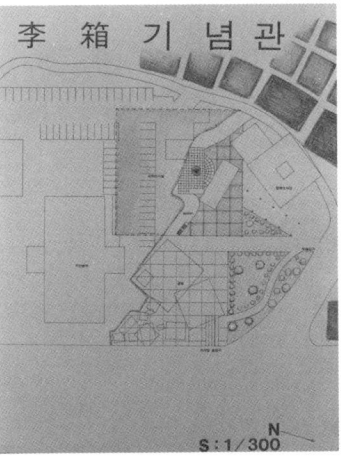

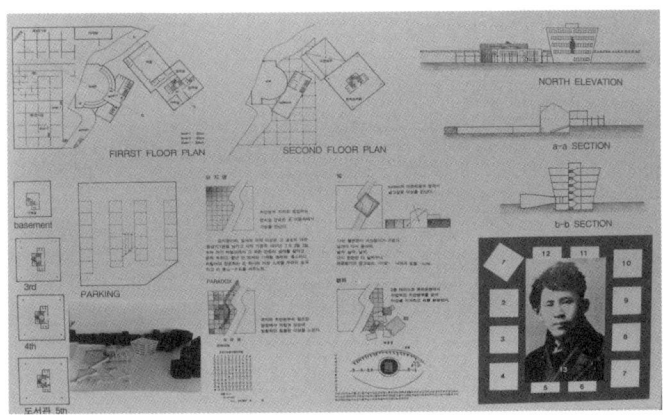

* 1994년 「연세건축」 졸업작품전 패널에서 따옴.

낙엽

서로 다른 것들이 떨어진 자리
낙엽 따위가 포개진 자리
바람과 함께 흔들거리던
태양의 자손이 생을 다할 때
실핏줄들은 모여
무릇 생명을 위한
심장을 만들어 낸다

선지해장국에 소주

　해장국에 소주 한 병을 시켜 놓고 많은 생각을 했다 면서기 공무원이었던 아버지의 무거운 어깨와 5·16 장학생의 꿈과 강둑에 콩 심던 어머니의 호미와 논두렁을 걸어가던 두 분의 뒷모습과 그 튼튼하고 사랑 가득한 부모의 정을 하나씩 소주잔에 채우며 차마 늦은 밤이라 전화는 못 드리고 집에는 회사 일로 늦는다 하고 아홉시 뉴스가 보여 주는 세상의 단편을 간간이 들으며 그냥 술을 따랐다 오른손이 왼손에게 건네주면 바로 목구멍으로 넘어 들어가는 소주는 아마 삼십 년 전 즈음 사십을 넘긴 아버지가 막걸리를 마시던 그 술잔보다 작아, 막걸리 잔을 놔두고 귀가를 서둘렀을 그 마음이 무엇보다도 큰마음이었을 거란 걸 깨달았다.

명품 보따리

기억 속에는
이제 할머니로 불리는
엄마 머리 위에는
아직 적갈색 고무 다라이가 있다
시장으로 향하는 그 명품 머리가방에는
고구마 줄기 두서너 개가 삶처럼 쭉쭉 뻗어 나가고
꼭 그 빛깔의 풀들이 엄마 발목에 이슬을 적실 때면
금세 삼십 년이 훌쩍 지나
노을이 제 살을 깎아 고무 다라이로 변한 듯
초저녁이 다가온다

이제 할아버지로 불리는
기억 속 아빠 손에는
아직 신문지로 둘둘 만 돼지고기가 있다
고추장 불고기마냥 벌그레하던 그 얼굴에는
밤새 노래 부르는 드르렁 자장가가 있어
돼지 불고기가 가운데 놓인 아침 밥상을 상상할 때면
왠지 모르게 이내 아침이 되듯

나도 아빠가 되었다

어머니의 명품 가방은 주로 머리 위에 있었고
아버지의 명품 가방은 둘둘 만 신문지였다

소주

　소주 널 내 안에 혼자 넣다 보면 들리지 않던 많은 사실을 듣게 된다.

　소주는 그냥 소주 맛이 아니야, 한번 흔들어야 쓴맛이 없어져, 그리고 상표에 그려진 두꺼비 눈을 젓가락으로 지워 독을 없애야 해, 누구는 처음처럼 글씨를 쓴 놈이 싫다고 딱 한 종류의 소주를 거부하고 누구는 젊음이 최고라며 요염한 여배우가 몸을 흔들며 선전하던 소주를 고집하고, 뒤에 앉은 아저씨는 왜 소주가 맥주처럼 싱거워졌냐고 제일 독한 걸로 달라고 하고, 제 고향 회사가 만든 술이 없다며 술주정하기도 하고, 똘빡같은 우리 팀장은 왼손으로 술잔을 받으면 술맛이 없다고 타박한다며 왼손잡이 회사원이 거들기도 하고, 막 아기를 잉태한 새댁이 물을 술 대신 몰래 마시며 저 독약을 왜 파나 혼자 중얼거리는 사이, 서민의 술값을 올리는 놈은 찍지 말아야 한다며 일장 연설을 하는 어느 유권자의 소주정치학이 섞인다.

　술을 막 마시기 시작해 제일 먼저 취한 젊은 놈이 평정한다, 소주는 그냥 소주 맛이에요, 왜 마시느냐에 따라 쓰기도 하고 때론 달고 어느 때는 물같이 싱거울 뿐이지요, 다음 날은 머리가 새로 세팅되어 멍한 건 다 똑같아요, 그게 소주 맛이에요.

슬프도록 아름다운 풍경

흰 눈이 소복이 쌓여
초저녁이 저만치 간 줄도 모르는 겨울밤

새벽같이, 10리 밖 막노동판에 나간
남편을 기다리는 아낙
긴 치마 위에 포대기를 겹겹이 덧대고
먼 길에 눈 맞추는, 눈 오는 날

문밖에 서성이다 금세 동구 밖까지 나와
눈 속에 파묻히는 하얀 고무신 자국을 보며
행여 막걸리에 건하게 취했을 서방 길을 잃을까
조바심 내는데
칭얼대다 세상모르고 잠든 아이의 울음
자장가 소리 잦아질 때마다
행여, 어미가 잠들까
하얀 눈밭을 소리 없이 덮는다.

고향

고향 집에 가면
내가 비워 두었던 작은 방
옛 모습 그대로이고
촌놈의 어릴 적 장난감
혼자 놀며 방을 어지럽히는데
부모님이 예전처럼 그 방을 청소하시고
먼지처럼 쌓인 세월이 씻겨 나간다

나의 버릇과 추억들과 사물들
그 흔적들을 간직하는 고마운 마음
다 옛 모습 그대로인데
옛 모습과 다른 늙으신 부모님
한 가지 변한 것이 있으니
앞으로만 가는 시간의 특성을 깨닫게 된다

반공일이 놀토가 되기까지

"오늘이 굉일이여, 반굉일이여"
국민학교 가던 길
노부부가 사는 슬레이트 집을 지날 때면
그냥 할머니는 흙이 묻어나는 소리로 묻곤 했다

흙으로 놀고, 흙으로 짓고
가끔은 여우동굴이 있는 산을 넘어 다니던
국민학교를 지나
아들은 이제 초등학교를 다니고 있으니
그 기억들은 참 멀리도 왔다
"오늘은 굉일이유" 하던 시골 소년의 대답은
바로 한 발작 뒤쯤이었는데
반공일은 지난 세기의 역사가 되어
더 이상 애국조회, 반공조회도 열리지 않고
"내일이 놀토야, 갈토야" 하고 물어오는 아들의 손에
눈깔사탕 하나를 쥐어 주며
굳이 그 하나를 내 입에 넣어 본다

한 꺼풀씩 녹아 들어가는 기억 속에
5.25인치 디스켓이 3.5인치 디스켓으로 전진하고
CD에서 다시 USB메모리로 바뀌다
스마트한 세상이 되는 동안
기억은 너무 여유롭게 천천히
지난 세기의 역사가 되어
왼쪽 가슴 쪽으로 흘러 들어간다, 단물.

연평도

바다는 파랗고 피는 붉다
동백꽃 같은 이 땅의 젊은 심장들이
짙푸른 바다에 떨어진다
대한국인大韓國人의 독립을 혈서로 남기고
적의 심장을 쏜 안중근 의사의 뜨거운 피처럼
팔각모 전사들의 붉은 피가 서해에 잠든다

대한독립大韓獨立의 기쁨이 있은 지 65년
6·25를 잊은 지 60년, 천안함을 잊은 지 242일
바다는 가을 하늘보다 깊고 파랗게 출렁이는데
해 지는 저녁 그날을 잊지 않은 정령들의 피가
거꾸로 솟구쳐, 하늘이 붉게 물든다

다시 새날이 오면
밤새 두려움 없이
이 땅을 부둥켜안으며 뒤척이던
그대들, 대한국인
태평양을 넘어

동해의 이글거리는 태양처럼 일어서고
이천십년 11월 23일을 향해
선착장에 들어서는 새벽
바다는 여전히 파랗고 피는 붉다

여인의 향기

저 나풀거리는 치맛자락 끝에서
여인의 향기가 난다
꽃잎인 듯 꽃향기인 듯
한쪽 끝이 바람을 따라 굴곡진 선을 만들고
막 피어나는 꽃잎이 파도처럼 거리에 날린다

저 청춘들 사이로 지팡이가 지나가고
할머니가 그를 따라간다
할아버지도 그녀를 따라간다
긴 꽃잎이 세월을 쓸듯
꽃잎 깔린 거리에 이름을 붙이듯
나풀나풀 바람에게 인사하는 거리에서
하얀 치맛자락에 땀을 씻으며
할머니가 말한다

"영감 숨이 찬감, 소싯적에 그렇게 따라다니드만
아직도 그러고 있남,
여 꽃이 참 곱게 피었네, 좀 쉬었다 갈라요"
"어이구, 한눈팔지 말고 어여 내 가방이나 줘요"

제2부
별과 눈물

강촌물의 언어

바람 든 무 속의 언어들을
강촌물에 담가
파란 물을 들이고
강길 따라가며 인생을 생각한다
푸석푸석하던 언어들은
쫄깃한 맛을 보이며
구름 사이에서 내려온다
흐린 하늘에
군데군데 빛이 엉키고
언어들은 하나둘 내려와
강촌길에 깔린다
시간에 닳은 돌들은
물속에 자리를 틀고
시인은 군더더기 없는 것들을 골라
짝을 지우고
원고지에 늘어놓는다

삶은 이처럼 누군가를 기다리며
조약돌을 줍는 산책길이었으면…….

가을비

잔인한 계절에 비가 온다
아름다움을 그대와 볼 수 없는
이 계절에 비가 온다
그대와 함께하지 못하는
이 계절에 비가 온다

비가 온다
낙엽을 위로하는 비가
외로움 쓸며 내리고 있다

나비 둥지

나비가 앉아 쉬는 집에는
바람이 불고,
가벼운 날갯짓으로
꽃의 아이를 시집보낸다.

하늘하늘 꽃잎이 날려
둥지를 떠나면
가벼운 바람
향기를 싣고
나비 따라
시집을 간다.

독방에서의 꿈

죄수는 감옥 안에 있다
담벼락에 금이 가고
죄수는 그 금을 넓히고
밖으로 나간다
봄날이다
노란 나비가 날아다니고
풀잎에 앉아 꿈을 먹는다
죄수는 꿀물을 먹으며
나른한 봄기운을 느낀다
꿀을 열심히 모아
벌집을 짓고
빽빽이 들어찬 벌통 속의
작은 방으로 날아 들어간다
바닥이 끈적거린다
오른발이 빠지고
파리 잡는 끈끈이에 발이 묶인 듯
죄수는 다시
작은 독방에 앉아 있다

쪼그리고 바라본
담벼락에는
노란 빛이 실금을 타고
들어온다
하루가 이렇게 길다니
뉘엿뉘엿 해가 담벼락 뒤로 넘어지고
이제 빛도 들어오지 않는다
다만 그를 쫓던
개 짖는 소리가 창 너머에서
모가지를 늘이고
기웃거린다

헉헉거림

아파트 옥상에 침대를 놓고

비상구로 1층을 올라

비상구로 2층을 올라

비상구로 3층을 올라

비상구로 4층을 올라

비상구로 5층을 올라

아무 층이나 다 올라

헉헉거리며 침대에 누웠다

턱에 팔을 고이고

다리를 하늘로 뻗고 하품 한번 하고

내려다보는 세상에는

이글거리는 태양을 등지고

개미들이 분주하다

현기증이 난다

갈매기 한 마리 날아와

희망의 씨앗을 준다

절인 팔에 꼭 쥐고

1층을 향해

2층을 향해
3층을 향해
아무 층이나 지나
뒷문으로 나와
지하철 환기통에 씨를 버리고
재빠르게 개미굴로 들어간다

아침 이슬이 지하철에까지 뿌리를 내린다.
 지상에 나가면 옥상 위에까지 숲이 무성할지도 모른다.

목련

목련이 눈처럼 내리는 날
우리는 나무 밑에서
4월의 어느 날
비를 피하며 눈 같은 꽃잎을 맞으며
그렇게 짧고도 맑은 날을
보냈다.
어디 눈길을 돌릴 곳 없던
4월의 어느 날
짧고도 슬픈 연인이
넘치는 마음 주체 못하고
그렇게 슬픔이 되어
하얗게 내려왔다.

바다

바다
말문을 닫고
확, 숨이 막히는 바다
그저 바라볼 뿐
다가서지 못하고
멈춰 서 버린
말을 삼켜 버린 바다

바다는
한숨 소리를 삼키며
철썩거린다

이상한 시詩

'여우
그 여자'
이걸 네가 시라 물으면
난……

'꿈
하늘
그리고 까치'
이걸 네가 시라 물으면
난……

'사이코psycho
어색함
빌어먹을 순수?'
이걸 네가 시라 물으면
흥
난 한편의 시를 더 쓸 것이다.
이걸 네가 시라 물으면

그래 난 거울을 보며
방아쇠를 당기는
기쁨을 느낄 것이다.

보라색 코트

보라색 코트가 잘 어울리는 사람
휴일 아침 FM 93.1을 들으며
시를 읽고 그림책을 보다가
짜장면을 먹으며 분위기를 낼 수 있는 사람
그런 사람을 만나고 싶다.

하숙생

내
속
에
이
상
한
놈
이
하
나

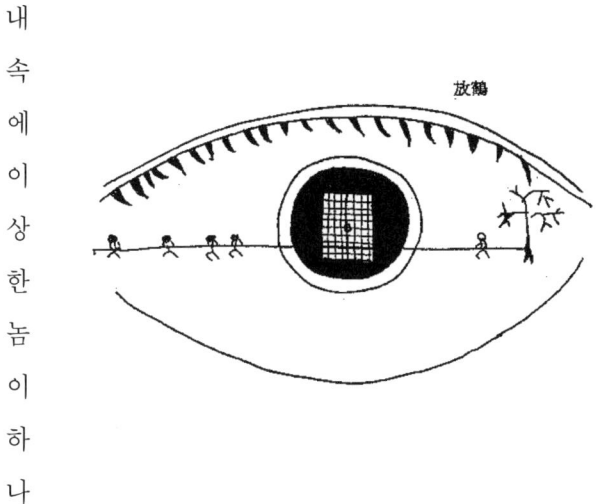

있다꼬박꼬박하숙비를내니쫓아낼수도없고미칠노릇
이다대체내생을누가사는것인지나는생각으로만살고
놈이산다놈은대체어디서온놈이기에나를꼼짝못하게
만든것일까그래도가끔은나와동의하지만그렇지않을
때가더많다때문에밑지는장사를하는난하숙방을비워
야겠다는생각이다

전산 시간

   대림아 집에 가자
  난 컴퓨터가 싫어
인간들이여 자연을 사랑하라
컴퓨터를 버리고 나에게로 오라
가자!! 자연으로 싱그러운 자연으로
내가 왜 이럴까? 드디어
컴퓨터바이러스에 감염됐군!!!!!!!
      안녕, 친구들?///?/
 난 돌아간다.
사랑 하나 갖고 싶다
내가 별에 있을 때 그녀는 먼저 나를
불러 주었다. 지금 지구는 덥다.
아무리 불러도 대답이 없다.
길들이자 시간이 가기 전에
먼 훗날 우린 지금을 기억할 거다
인간이여 그리워하자. 내일을 위해
눈빛을 볼 수 있는 사람이 되자.
지구는 아직 어리다. 그래서 난
희망이 있다. *안녕 친구들4324.8.4*

가을빛

노란 표지가
가을을 보이며
은행나무 잎을 찾게 한다
찬바람에
노란빛이 떨고 있다

가을, 가을, 가을

가을이라 뇌며
사각사각 떨고 있다

시詩가 무엇이냐

시가 무엇이냐
하늘의 별빛이거나
하늘의 달빛이거나
별을 어루만지는
내 마음이거나
달빛을 어루만지는
내 눈물이거나
네 마음이거나
네 눈물이거나

다시, 시작

다시, 시작, 시드니, 도시
기사,
인터넷 기사를 보다가 눈에 띄는 글자들
줄 바꿔 시자만 보이는
다
시

국제면 기사나 문화면 기사나
큰 차이가 없는데

다시, 라는 단어가 들어온다
줄 바꿔 새로 시작되는
홀로 선,
시

찰칵, 기억을 놓치다

바람이 분다
잘 붙들어야지, 기억들이 날아가지 않게
그리 찬란한 것은 아니었지만
이제는 빛이 바래 가지만
백일, 돌 그리고 많은 날들에
기념사진을 찍지 않았던가

바람이 분다
남는 것은 순간뿐이지만
여우에게 홀리듯
또는, 꽃다운 여인의 청춘에 마음 빼앗기듯
맥없이 무너지는 다리 사이로
파도가 무참히 쓸고 내려가지만
잘 붙들어야지, 여태껏 잘 버텨 왔듯이

그래도, 참 희한한 일이다
바람이 분다, 참 좋다

보름달

한참을 바라만 보았다
검은 막에 동그랗게 뚫린 구멍 하나

다 잊고 싶은 보름날 밤에는
서성이지도 못하고 망설임 없이
빛이 새어 들어오는 동그라미 밖으로
나가고 싶은 충동을 느낀다

뭍으로 기어오르는 전설

철썩, 막 뭍으로 기어오르고 나니
비 맞는 바닷소리가 들린다.

수평선 너머 먼 나라
시간과 공간이 죄다 포개어지는 곳
단세포생물의 죽음을 슬퍼하는
막 걷기 시작한 유인원의 마음이
너울이 되어 손짓하고
이제껏 생명의 기원이었으나
생명을 다한 것들의 무덤이 되는 곳
여느 강의 평퍼짐한 입가에 앉아
대륙이 토해 내는 이야기를 다 받아 주는
바다의 전설을 기억해 내며
뉴턴의 사과가 바다에
떨어진다면
무슨 소리가 날까 생각해 본다.

만유인력의 법칙만으로 설명할 수 없는 끌림

이별을 이별치 못하고 뭍으로 기어오르는 애착은
단세포에서 출발한 유인원의 흔적일지 모를 일이나
사과나무는 땅과 인연이 있었으니
철석, 눈물 떨어지는 소리뿐이었다고 답하고 싶다.

시詩는 시時

시詩라는 것이 시時와 같아서
매 순간을 이어주는 힘이니
역사의 중심에 서서, 항상 깨어 있으라

사적인 시간의 역사

출생과 함께 주어진 숫자의 역사는 남자라는 이유로 1로 시작해서 국민학교 들어가면서부터 풍요를 주고 대학을 졸업하고 입대한 육군에서는 부대 이름도 숫자로 이루어지고 총에도 숫자를 부여해 주었다. 회사에서는 문자와 숫자를 섞어 쓰기도 하였는데, 잉글랜드에 머무르는 동안에도 마찬가지였다. 많은 사무실을 전전하면서 숫자로 분류되는 일들과 사적인 숫자의 역사에서 부여받은 것 말고도 내가 부여한 것이 있으니, 주머니 속에 들어가는 전화기 번호가 온전하지 않지만 그나마 선택이 가능한 것이었고 처음 만들어진 지 벌써 40년이 넘었는데도 모두들 1에서 시작해 0으로 끝나고 열개의 조합에 불과한데, 눕혀 놓은 여덟 팔자처럼 무한의 의미를 만들어 내며 사적인 역사를 기록하고 있다.

9132033, 1074640, 9515073, 886816, 0128699132, J3-09183, 29810501, 20010107, 3301, B29 6LF, 958883, 20010120, 20031104, 20121101

삶을 기록하는 사진기

 아버지가 준 낡은 수동 사진기 속에는 스물네 방짜리 흑백 필름이 들어 있다. 콩만한 심장이 생명을 알리던 산부인과 모니터를 1번으로 시작했다는 사진은 사내아이의 탄생일과 백일 그리고 돌을 지나 콩나물 자라듯 쑥쑥 자라 입학과 졸업을 수차례 거듭하고 결혼을 하고, 한참을 침묵하다가 찰칵, 다시 아가의 탄생.
 공간에 의한 시간의 소멸이라는 하이데거의 말이 무슨 뜻이거나, 생은 소멸하며 압축된 공간과 기억을 낳는다. 스물네 방 필름에는 얼마큼의 삶이 기록될 수 있을까? 누군가의 두 번째 손가락으로 마지막 셔터가 눌러지고 돌돌 말린 삶의 기록들이 낯선 햇살을 받으면 기억은 희미해질 것이다. 두 번째 손가락 마지막 마디가 떨린다.

진눈깨비

궂은 날씨에
언 살을 파고드는
하늘의 시
하나둘 내려앉아
고단한 상처에 붉은 꽃을 피울 때
한 줄기 망설임도 없이
벙어리장갑을 내밀어 보면
말없이 대지에 늘어서는
하늘의 시, 하나, 둘
사람에게로 온다.

여백보다 넓은 점

 태곳적부터 줄곧 하늘을 섬기는 충신忠臣이 있었으니, 한 점 그림자 없이 바람을 이어 나르는 울림으로 파란 하늘의 기운을 내려 받아 우주를 섬기는 작은 바다

 비록 한 방울 우주의 눈물에 비할 수 없는 몸이지만, 두려움 없이 한결같은 손길로 저 수많은 별들 사이에 빛도 없이 그저 한 점뿐인 지구의 생명들을 대표하여 존재를 알리고 있다.

 무한의 공간, 흔적도 없이 머무르는 생명들, 뒤돌아보면 발자국조차 바로 지워지는 바닷가에서 시간의 경계를 비로소 알아차리고 하늘의 기운을 얻어 뭍으로 돌아가는 생명들을 위해 충신임을 자처한 바다

 지구를 중심으로 광활한 우주에 동그라미를 그리고 나면 가운데 한 점이 있으니, 하늘을 숭배하는 바다, 여백보다 넓은 점, 널 하늘을 섬기는 충신이라 부른다.

바다의 숨결

물결, 저 흔들리는 시간의 틈에
숱한 생명의 고향이 있어
그곳에 빨려 들어간 날들이
한 땀 한 땀 메우며 너울이 되고
결을 따라 미끄러지듯 반복될 때면
가끔씩 벌어진 틈으로 한 생명이
손을 내밀어
크고 작음을 가리지 않고
심심치 않게 먹먹해지는 망각의 계곡
숨결을 가진 모든 생명들은
저 너머에서 왔음을 안다

시간에 절여진 작은 생명들은
짭조름히 은빛으로 빛나고
하늘은 빛나는 시를 건저 올려
외롭지 않게 걸어 놓았으니
경계도 없이 외로운 공간의 상처를
어루만지는 것은
바다의 숨결인 것을 안다

서술할 수 없는 것

서술할 수 없는 것
임금님 귀는 당나귀 귀

아버지를 아버지라 부르지 못하는
홍길동이 가출한 이유는 거기에 있었다

김춘수가 이해할 수 없는 무의미 시에
집착했던 이유는 무엇이었을까?
어떤 이는 참을 수 없는 현실 도피라 하였다
어떤 이는 에고를 벗어난 허무라 하였다
허나 수면 아래 더 큰 빙산이 있으니
그것을 찾고자 하는 소망이었을지도 모른다

말할 수 없어도 이끌리는
말하지 못하고 무의미가 되어 버리는
그러나 무수히 존재하는 진실들
그것들을 알기에 아직 청춘은 끝나지 않았다

홍길동이 말하였다
"임금님 귀는 당나귀 귀가 아닌 것처럼
무의미는 더 이상 무의미가 아니다"라고

너는 시

시 넌 말이야
말이 아니라
보이지 않는 행동
발가벗은 언어다

아니다
다 버리고 남긴
생선 가시다

제3부
뭘 찾니, 행복

행복한 표정

 술 한잔에 붉어진 얼굴로 눈가에 주름이 가고 함박눈 같은 웃음을 보일 때, 행복해 보인다며 술 한잔 건네는 당신을 보면 행복한 표정은 참으로 행복합니다.
 아가의 얼굴이 어른이 되어 갈 때, 가끔씩 행복한 표정을 불러 주는 야릇한 긴장과 설렘을 만나면, 꽃다운 한때 잠시뿐이라던 사랑도 꽃이 지면 다시 잎이 돋고 당신을 닮은 꽃이 피듯이, 행복한 표정은 추억을 먹고 다시 찾아와 봄마다 행복한 표정을 하고 함박눈 같은 웃음을 만들어 줍니다.

꿈을 담은 철가방

　철가방을 든 멋진 사나이가 있었다
　한 손에는 짜장면을 들고 한 손으로 오토바이 핸들을 잡고는
　좁은 골목을 잘도 빠져 다녔다
　절대 성인영화라고 써 붙은 영화 포스터 즐비한 뒷골목을
　갈 때도, 멋진 사나이는 한눈팔지 않고
　열심히 철가방을 날랐다
　그의 어깨만큼 떡 벌어진 미끈한 여자의 다리는
　은밀한 곳에 상처를 간직한 채 가장자리가 찢긴 모습으로
　눈동냥하고 있었다

　그는 낮에도 꿈을 꾼다고 그랬다

　철가방이 덜컹거려도
　짜장면 물 하나 들지 않은
　흰 와이셔츠를 빛내며

그의 넓은 어깨는 골목을 가득 채우며
꿈을 날랐다

허기진 가족이 짜장면을 기다리는 것처럼
그는 기다리며 하루를 산다고 그랬다

아저씨는 어깨만큼 얼굴도 컸다
멋진 아저씨는 낮에도
꿈을 꾼다고 그랬다

대화

내가 널 다듬고
끓이고
양념을 하며
널 가르치면
넌 콩나물국이 되고
날 요리사라 불러 주지

분무기로 물을 뿌려 주며
장미라 불러 주면
너는 나의 아이가 되어
말을 배우고 빨간 꽃을 피운다
내가 없는 날에는
풍경과 대화하며
서로를 풍경이라 부르고
장미라 부르고
분무기를 잡고
나의 하루를 이야기하면
둘만의 대화를

내게 일러 주고
눈으로 말한다
우리의 이야기는
대화가 되고 그림이 되고
풍경 소리가 된다

나무가 있는 집

 마당에 한 그루 큰 나무가 있어, 봄이면 잎이 돋아 새들의 축제를 열고 여름이면 그늘을 만들어 한숨 쉴 수 있게 하고 비를 피하며 너의 촉촉한 채취를 느끼게 한다면 좋겠다. 가을이면 물드는 잎에 눈을 맞추고 하염없이 바라만 볼 수 있다면, 행복이 마당에 가득하고 한 줌 낙엽을 태워 마당에 연기를 피우고 건조해진 거실과 방에 낙엽 타는 냄새를 들이면 겨울이 되어도 슬프지 않을 것 같다.

당신의 집

높은 담, 문 앞세우고
바람을 막아 주는 무게
집이라는 이름으로
자리를 잡고
흔들리지도 휘어지지도 않는
고집으로
비가 와도 건조하게
뽐내며
홀로 서 있다

낯선 사람

그땐 그 사람이 있었다
학교 앞 건널목을 지키던
껌팔이 할머니
할머니는 초라한 모습으로
등굣길 학생들 앞에 매일 얼굴을 내밀었다

공대 앞 벤치에 앉아 욕지거리하던 아줌마는
지저분한 몰골로 눈을 부라렸다
한복 차림의 도사라는 양반도 한몫 거들어
학교 다니던 시절 내내 거기 있었다
손님도 아닌 불청객으로 그들은
우리에게 낯이 익어 갔다
그러나 그들이 누구인지는 아무도 몰랐다
단지 낯설었다는 것밖에
나는 아직도 그들의 얼굴을 잊을 수가 없다
낯선 학교가 익숙해지듯
습관이 되어 버린 타인의 모습
졸업 후 돌아온 학교에는

그때 그 모습처럼
공대 앞 한 아가씨가 낯선 모습으로 다가온다
헝클어진 긴 머리
손에든 막걸리 병
벤치에 누워 한나절을 잔다
아무도 말을 거는 사람은 없다

몇 해 전 기억 속의 낯선 얼굴은 익숙해지며
기억 속으로 가고
지금은 낯선 사람 한 명이 새로 나타나
낯선 의혹과 추억을 끄집어낸다
모두 다 낯선 얼굴들이다
그저 익숙해져 갈 뿐이지
유효기간이 지나면 또 낯선 이들이
우리 앞에 나타나겠지

창문

하늘이 너무 예뻐요
노을 지는 하늘에 그린
창밖의 집은
네모난 틀에 들어앉아
귀가하는 당신을 기다리는군요

고층이면 더욱 좋겠어요
여기보다 더 높아서
하늘과 맞닿는다면
손을 내밀지 않아도
하늘이 눈에 쏘옥 들어와
내 눈은 네모난 창이 되겠어요

동그란 창에 덩그러니 앉은 나의 몸뚱어리
노을 지는 날이면 언제나
당신의 눈이 되어
커다란 하늘을 거실에 들이고 싶군요
귀갓길,

피곤을 등에 지고 번져 가는 노을
잠시 쉬어 갈 자리를 두고 싶군요

작고 소박하고 아름다운

 작고 소박하고 아름다운 것이 존재한다는 믿음. 그걸 믿으세요. 문명이 극에 달해 작은 것이 소용이 없을지도 모르고 소박하다는 말은 박물관에서나 만나볼 수 있는데. 그걸 믿으세요?

 뾰족한 말꼬리는 한겨울 바람처럼 차갑게 살을 에고 백화점 앞에 머뭇거리다 번화한 거리에 날 내려놓는다. 옛 순수와 정열은 어디 가고 이제 나이 서른을 앞에 두고, 무슨 아쉬움이 남아 이 청춘을 한탄하는 것일까?

 술기운 탓일 게야. 모두 술기운 탓이야. 그날의 하염없는 바람과 정열을 아직 버리지 못한 것일 게야. 간밤에 비가 내려 쓸고 가버린 기억과 앙상한 가지로 버티고 선, 더운 태양 밑의 몸뚱어리. 이제 무얼 바라 밤잠을 설치고 살찐 몸에 담배 연기를 뿜어 넣는 것일까.

TV

TV 속에는 TV가 있고
중얼대는 한 쌍의 남녀가 있고
또 TV가 있고
한 쌍의 남녀가 있고
TV가 있고
중얼대는 세상 이야기가 있고
또 TV가 있다
TV 속의 TV는 요지경 같은 세상을
참 잘도 중얼거려 댄다
피곤한 저녁 TV 속의 TV를
죄다 못 세고 잠이 든다

가을

가을이다
찬바람 부는 길바닥에서
낯선 사람과 아무 술집에나 들어
이야기하고 싶은 계절
가을이 끝날 때까지
가을을 이야기하고
인연이 닿으면
다음 가을에 다시 만나자며
깨끗이 건배하고 싶은, 가을

빈방

방은 커서 쓸쓸하였다
방, 방, 방
메아리치는 방은
커서 쓸쓸하였다
밤, 밤, 밤, 메아리는
밤에도 잠들지 않았다.

광화문 연가

 살아 움직이는 글자, 낱말들, 매일 만나는 얼굴이지만 술에 취해 녹슨 선술집 간판속의 글자들이 종로3가 골목에서부터 따라와 녹슬지 않는 황동이 되어 광장을 물끄러미 내려다본다 무심코 밟힌 광고지 속 모습과 골목길 아이들이 그려 놓은 담벼락 속 모습이 다 같은 얼굴들이 살아 움직인다
 장독대처럼 토속적이고 아랫목처럼 익숙한 모습, 시간이 낳고 시간을 품고 한 짧은 일생의 생각들이 모습을 드러냈다 잠시 사라지나, 어떤 글자들은 그 마음을 잊지 않고 오래도록 살아 준다 육백 살이 다 되어 가는 소나무 가죽처럼 굵직한 기록들을 간직한 채 시간과 공간 그리고 사람을 담고 오늘도 한가온거리 한가운데서 살아 움직인다
 만 원짜리 지폐 한 장 들고 만 원이란 얼굴을 바라보면 심장박동에 맞춰 자음과 모음들이 번갈아 가며 쿵쾅거린다

쉼표

 가끔은, 쉼표가 부러울 때가 있다 왼쪽과 오른쪽을 갈라놓으며 잠시 쉬어 가는 여유를 주는 쉼표는 원고지처럼 잘 정돈된 논바닥에 삐딱하게 꽂힌 한 움큼 모와 같아서 논두렁에 서성이는 하얀 황새가 먼 산을 보며 호젓이 쿡 발가락으로 찔러 대는 오래된 동양화의 여백을 보여 준다. 마침표의 긴장과 달라서 슬픈 이별도 없이 짧은 세월을 갈라놓으며 시간을 한 숨 들이마신 사이 바람이 멎으면, 추억을 되살려 바로 이어 주는 딱 한 번의 휴식이다.

기약 없는 무無

 연병장을 여러 바퀴 도는 구보의 임무를 다하며 노가다 일당이 3만 원인데 이 정도 일쯤이야 생각한 적이 있다 나라 경제를, 국정을 짊어진 어깨를 어루만지며 잠자리에 들다가 문득 시작과 끝이 있는 생명체의 처절한 운명과 티끌보다 못한 우주 속 인간의 짧은 존재의 시간을 생각하다 없을 무無 자를 떠올리며 하루의 고민이 아무것도 아님을 생각하고 다 그런 거지 뭐 하며 대범하려고 노력한 적이 있다

 무無에서 와서 무로 가는데 무엇을 남기고 가든 아무런 흔적 없는 인생이 그리 대수인가 생각하면 헤아릴 수 없는 인식 없는 무의 생명 없는 세계가 소스라치게 두려우면서도 주어진 삶에 담담히 임할 수 있는 힘을 주는 것을 보며 묘한 생명의 기운을 느낀 적도 있다.

내 마음의 창문

ㄱㄴㄷㄹㅁㅂㅅㅇㅈㅊㅋㅌㅍㅎ가나다댜러마뱌사이자 C봄, 여름, 가을, 겨울
네 계절이 바뀌는 동안 내모난 창문을 그렇게 별들이 이루만지고 있다.
ㅏㅑㅓㅕㅗㅛㅜㅠㅡㅣ가 A네모난 창에 하늘이 가득하다. B밤이면 마음에 작은
나다라마바사아자차카 별들이 잠시 창밖으로 빛이나, 을 믿음의 촛불 촛불이
타파하세훈민정음 치마다 총총히 박히어 있다. 고 낯이면 파란 하늘에
햇살이 되어 눈가에 잔잔한 물결처럼 주름을 남긴다.1234567891012922241331
ABCDEFGHIJKLMNOPQRSTUVWXYZAKARAKA.月火水木金土日2011.1.22.土.松香.끝.

오작교

칠월 칠석날마다 머리를 잇대어
견우와 직녀를 잇대어 주는 다리에는
사이시옷 모양으로 까치와 까마귀가
숱한 이야기를 엮어 놓았으니
옛날과 지금을 잇대어 놓은 시詩라고 말하고 싶다

사이시옷이 까치와 까마귀를 닮아
시옷 시詩 자를 만들었으니
슬픈 1년을 견디게 하는 것이, 시
은하수 길에 놓인 단 하루의 시옷 시
그 풍성함 아니겠는가

햇살

눈이 부시다

바람이 부는 날에도

햇살은 흔들림 없이 빛난다

****

문자로 지은 집

하얀 종이 위에는
네모난 점, 굵고 가는 선
아직 현장에 나가지 않은 도면 속에는
집은 그렇게만 존재한다.

문자로 지은 집에는
기억 니은, 기억 니은
하나씩 연결해 올라가다 보면
두툼한 디귿자로 마무리되어 계단이 되고
미음자로 창을 내면
밤마다 별빛이 들어와
지난 시간을 이야기해 주어
비읍자 문을 열 때마다
바다처럼 마음의 공간이 가득하니
가끔씩 이응자로 창문을 내기라도 하면
멀리 아라비아의 숫자가 놀러와
젓가락을 놓아 주기도 하고
모로 누워 뫼비우스의 띠와 닮았다며

무한한 문자 속 의미를 들려준다.

문자로 지은 집에 마지막으로
뾰족 지붕을 대신해 시옷자를 얹으면
바람도 비켜 갈 나만의 집이 만들어지니
하얀 종이 위에는, 머지않아
히읗자를 닮은 행복한 시집이 만들어질 것 같다.

제4부
밍구망구

아가와 문자메시지

찬이 우유 먹고 산책 나간다 ♬
전화 좀☎ 하시지
사랑하는 내 친구야♥ 힘을 내?
찬이는 마리아 아줌마랑 노는 중, 공주는 공부 중
공주는 빨래하고 공부 중, 찬이는 꿈나라*^^*
행복한 표정 짓는 하루 되세요♥
짜잔 자동차 왔어 찬이가 뚫어지게 보네요
내년엔 어린왕자에게도 차를 선물할 거야
찬이 똥쌌다 냄새가♨~
찬이 똥싼 줄 알았는데 방귀 꼈다
자갸 피곤하지
큰대 자로 자는 찬이와 이쁜 공주♥ 생각하며 참아요

언제나 힘이 되는 언어의 힘
몇 글자 액정화면에 나올 때마다 웃을 수 있는
아가의 이야기들

철판 위의 자작나무

자작자작
아내가 부엌에서
나와 아이를 위해 뭔가를 만들고 있다
자작자작 부엌에서 튕겨 나오는 소리
슬쩍 훔쳐보니
은빛 비늘이 고온의 철판 위에서
화음을 만들고 있다
머리와 꼬리를 맞대고 드러누운
멸치들의 합창

강물처럼 고여 바다로 갈 침을 삼키며
갑자기 자작나무 숲이 생각난다
자작자작, 자작나무 숲에서
은빛 비늘을 벗기며 하늘로 오르는 상상
고래처럼 숨 쉬기 위해
하늘을 향해 오르는 멸치처럼
그러나 아내의 생각은 다른 것 같다
주걱에 눌러 붙은 멸치를 떼어 내며 말한다

아이와 닮아 가는구나
철분을 많이 먹어서 그런지
아이 닮은 우리 집 큰아들이 철들어 간다고

아가와의 대화

아빠 눈에 찬이 있다
응……
아빠 눈에 찬이가 있어요
아……
찬이 눈에도 아빠가 있네

사랑하는 거랑 좋아하는 거랑 어떻게 달라요
좋아하는 건 친구끼리 손잡고 친하게 지내는 거고
사랑하는 건 엄마랑 아빠랑 뽀뽀하는 거예요

기억과의 대화

잠자리에 들기 전 여섯 살 아들과 나누는 옛날이야기 속에는 나의 어릴 적 풍경들이 가득하다. 누렁이가 밤마다 검정 고무신을 물고, 국민학교 가는 산길에는 여우 동굴이 아버지의 어릴 적 이야기를 들추어낸다.

그렇게 더듬어 가는 이야기 위로, 살포시 셀 수 없는 시간과 공간이 포개어지고, 팔베개를 누르는 주먹만한 아들의 눈빛이 알 수 없는 호기심과 질문으로 반짝일 때면,

기억 저편에 잠시 숨겨 놓았던 것들은, 손바닥만한 마당을 비추다 모깃불을 피해 애써 처마 뒤로 숨으려던 여름밤 별처럼 침대 위로 쏟아진다.

귓밥을 파다

무릎에 누운 아들의 귓밥을 판다
노란 귓밥이 터널을 나오지 못하자
빨간 체육복이 간지럽다며 움직인다
가만히 있으라며 엉덩이를 두드렸다
무릎에 한쪽 머리를 기대고 누운
다섯 살 소년의 귀를 만지며
머언 동쪽의 끝 어머니 이야기를 들려준다
할머니도 아빠 귓밥을 파 주었단다

후 불면 가볍게 날리는 부스러기처럼
아이에게는 그냥 스쳐 지나가는 이야기뿐일 것인데
귓밥 파는 날은 꼭 봄날이다
빨간 성냥개비가 드나들면
얼굴을 찡그리면서도 잠이 왔단다
이내 잠들어 버린 누렁이 콧등에
누런 귓밥이 떨어지면
움찔거리면서도 싫지 않은 듯 누운 아들
가끔씩 툭툭 두드리는 주먹만 한 엉덩이를 보며

빨간 체육복 위에 누워본다
머언 동쪽으로 돌아가 오늘을 이야기하면
간지럽다며 깔깔거리는 오늘을 기억할까
귀가 간지럽다
누군가 동쪽에서 내 이야기를 하나 보다

메밀 베개

베갯속 메밀을 두드리면
한 뼘 쌓인 눈밭을 밟는 소리가 나고
낙엽 밟는 소리가 나고
가지런히 추켜세우면
빗소리가 난다

여덟 살 아들이 가지고 노는
베개는 밤이면
많은 소리들을 만들어 내며
꿈나라로 간다

화려한 오찬

김, 고추장, 하얀 쌀밥
그리고 숟가락 하나
빨간 이층버스 루트마스터가 지나는
런던 대영박물관 앞에서
세 사람에게 필요한 물품이다
물론 후식으로 웃음과 우산을 챙겨 가면 제격이다
그러면, 이국의 햇살과 소나기가 반겨 줄 것이다

하얀 이빨 사이에 끼어든 고춧가루가 웃는다

하얀 쌀들이 가득 쌓인 빨간 도시락
고추장을 다 비우고 하얀 밥알들 사이에
아직 그 매콤한 향기로 존재를 알리는 향수
빨간 고추장 도시락이 루트마스터를 닮았다

달님은 따라쟁이

달님이 자꾸 따라와요
지난번엔 손톱달
오늘은 동그라미
해님은 잠자러 가고
달님이 나타났지요

빨리 집에 가자 아빠
달님이 자꾸 따라와요

장난스러운 보름달은
잠시 아파트 뒤에 숨는다

아빠, 근데요
지난번에 날씬하던 달이
오늘은 뚱뚱해져서 부끄러운가 봐요
금방 있었는데 어디로 갔어요

매미와의 대화

맴맴맴맴, 매에
여름날 아침 창밖을 보며
여덟 살 아들이
매미와 대화를 한다
매미야, 시끄럽다
맴맴맴맴, 맴매
매미야 울지 마라

거북이 세 마리

우리 집에는 거북이가 딱 두 마리 산다
새벽에 등 뒤에서 배 속의 아기 모습으로 안아 달라는
큰 거북이와
잠자리에 들기 전 옛 이야기를 주문하는
작은 거북이
아들놈 작은 거북이는 늘, 지친 일상에 위로를 주고
큰 거북이는 때로는 더 치열하게 살아야 하지 않겠
느냐는
책임감과 안타까움의 물음을 준다
그래서 큰 거북이인지도 모른다

술 먹고 들어온 저녁
거북이 둘이 잠든 침대를 보며
거실에서 잠을 청하려다 열어 본 냉장고에는
작은 거북이가 아빠 먹으라며 남겨 놓은
초콜릿 한 조각이 찡하게 다가오고
비잉 돌아가는 세상과 지구의 윙 하는 기계음이
잠시 멈칫거리며 우주로 날아간다

큰 거북이 한 마리 소파에 누워
행복한 새우잠을 청한다
새벽에는 초콜릿 먹고 따듯한 거북이가 되어
침대에 누울 것이다

이제 우리 집에는 세 마리 거북이가 산다

가을 산책

가자, 가자, 가
공원에 가요

가을, 가을, 갈
가을 한 가운데
낙엽을 밟는 아이의 말

"아빠 눈에 찬이 있다"
응, 우리 안에 가을이 있네

하나, 둘, 셋, 바람이 부네
하나, 둘, 셋, 가을로 가자

아다지오

1악장

(여덟 살 아들과 노는 기분으로 즐겁게)

밍구랑~ 망구랑~

밍구♪, 망구♬, 밍구망구

2악장

(아홉 살 아들과 둘만의 마음을 주고받는 기분으로)

아프리카♪, 말랑말랑♬, 코딱지

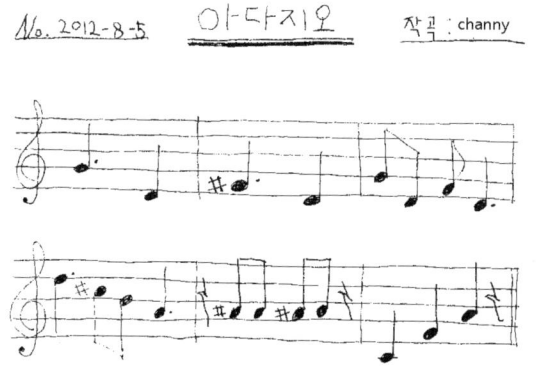

빗속의 향기

아홉 살 아들이 이야기하는 빗물 속에는
많은 의미가 있다

하늘에서 내리는 비에는
여러 냄새가 있어서
지린내, 약간의 구름 냄새와
조금의 레몬즙 향이
섞이어 나고
하늘에서 내리는 비가
땅에 입맞춤하면
하늘의 냄새들이 슬피 서로 날뛰며
제 존재를 알릴 때마다
심란하면서도 기분 좋은 소리가 난다

하여, 비가 내리는 날에는
하늘의 향기도 노래가 된다

바다에 다녀온 후

아직 파도가 왜 밀려오는지 모르는 아들이
바다에 다녀와 시를 썼다

'멋진 바다
바다는 파도가 밀려온다
나는 파도를 맞으며 바로 넘어진다
바다에는 뭐가 살까
내 생각에는 오뚝이가 살 것 같다
바다가 더럽다
누가 오줌을 눴고
누가 쓰레기통 던졌을까
내 생각엔
바다를 싫어하는 사람이 쉬를 눴고
쓰레기통을 던졌을 것 같다'

그 생각이 재미있어
휴지통에 버리지 못하고
여기 유리병 속 편지처럼 끼워 넣으니
훗날 파도처럼 밀려올 것이다

쑥국을 끓이며

봄을 캔다, 새싹
너를 싹둑 자르며 욕심을 낸다
아홉 살 아들과 쑥을 캐는 날
반지꽃을 만나고 민들레를 만나고
소소한 일상이 행복임을 알기에
막 태어나는 널 봄으로 착각해
나만의 욕심을 챙겼다

마른멸치로 국물을 내고
시골된장을 풀어 넣으니
고향과 바다와 봄이 여기 있다

싹둑 잘린 머리로 봄 햇살이 따갑겠지
그래도 넌 다음 주말이면 다시 돋아날 걸 믿는다
사소한 봄날의 일상이니까 말이다

검은색을 찍다

색이 너무 예쁘다며
창밖 캄캄한 밤을 찍었다

열 살 아들이 바라본 밤의 색은
사진을 찍을 만큼 깊었다

그래서 나도 바라보았다

사진 속에는
보일 듯 말 듯
별이 숨어 있었다

해 속의 노랑나비

쁘띠는 노란 해를 좋아합니다. 붉은 기운 속에 있는 노랑 빛을 발견할 때면 더없이 기뻐 웃곤 합니다. 비가 와서 하늘에 해가 보이지 않는 날에는 투둑투둑 내리는 빗소리를 들으며 기도하는 시간이 많아집니다. "노란 해님을 보여 주세요. 빛나는 초록 잔디 위에서 해님과 놀고 싶어요." 두 손을 모아 기도를 한답니다. 오늘은 비가 옵니다. 비가 와서 엄마가 파 부침을 해주어서 기쁩니다. 그러나 뽀송뽀송하게 마른 앞마당에서 땅따먹기를 하고 싶은데 그러지 못해서 조금 슬픕니다. 쁘띠는 한 뼘 두 뼘 선을 그으며 만지는 흙의 느낌을 참 좋아합니다. 어제는 옆 동네 순이 집 앞마당에서 땅따먹기를 하고 놀았지요. 봄바람에 마른 흙이 까맣게 손톱 밑에 들어왔지만 참 재미있었답니다. 그런데 오늘은 밖에 나가지 못하고 있습니다. 쁘띠는 우울한 마음을 일기장에 적었습니다. 그림 일기장에 크레파스로 비 오는 마당과 턱을 고이고 눈만 깜박이는 멍멍이를 그리고, 해님이 빨리 나오게 해달라고 적었습니다. 그러나 밤에도 빗소리가 그치지 않고, 바람은 더 세게 불었습니다. 쁘띠는 바람 소리를 저리 가라며 창문을 꼭 닫고, 잠이 들었습니다. 침대에는 곰돌이와 왕토끼도 새록새록 잠자고 있었습니다.

 날이 환하게 밝았습니다. 해님이 나왔나 봅니다. 쁘띠는 아주 기쁜 마음에 해님에게 인사했습니다. 해님은 벌써 동쪽 하늘 중간에서 쉬고 있었습니다. 쁘띠는 노란 해를 한참을 바라보았습니다. 그런데 참 신기한 일이 일어났습니다. 어젯밤 일기를 쓰던 몽당연필을 타고 해님 속으로 들어간 것입니다. 하얀 구름을 향해서 막 날아가는데 너무 높아서 좀 무섭기는 하지만 밑을 내려다보니 신기한 세상에 눈이 휘둥그레집니다. 마당에 멍멍이는 꼬리를 흔들흔들 귀를 쫑긋쫑긋하더니 하늘로 올라가는 쁘띠를 보고 바닥에 주저앉아 두 발로 턱을 고이고는 큰 눈을 깜박이고 있습니다. 멍멍이가 점점 멀어져 갑니다. 그러고는 아주 조그마해집니다. 멍멍이가 짖어 대는 소리는 아주 작게 들리다가 이제는 "멍멍멍" 소리가 들리지 않습니다. 마당밖에

안 보이던 쁘띠 눈에는 이제 옆 동네 순이네 집도 보이고 산도, 들도 보입니다. 저 멀리에는 넓고 빛나는 바다도 보입니다. 쁘띠는 너무 기뻐서 소리를 질렀습니다. "바다가 보여요. 그리고 솜사탕처럼 하얀 구름이 여기 있어요." 반짝반짝한 것도 보이는데 그건 소금일까요? 바다 위에 누가 소금을 저렇게 예쁘게 뿌려 놓았을까? 우리 부엌에 있는 소금은 비닐봉지에 들어 있는데 흰 가루일 뿐 빛나지 않는데. 바다에는 하얀 소금이 눈부시게 빛나고 있었습니다. 구름도 보입니다. 앞에도 있고 옆에도 있고 바로 발아래에도 하얀 구름이 있습니다. 아주 흰 구름입니다. 쁘띠는 생각했습니다. "구름이 솜사탕마냥 달까? 내려갈 때는 멍멍이를 위해 두어 개쯤 가지고 가야지."

정신없이 아래를 구경하다가 쁘띠는 해님 속으로 들어갔습니다. 그림자놀이 하며 놀고 젖은 옷을 말려 주고 따듯한 기분을 주던 해님의 나라는 온통 노란색이었습니다. 문도 노란색이고 바닥도 노란색이었습니다.

창밖에는 파란 하늘이 있고, 반짝반짝 빛나는 별님이 인사를 했답니다. "안녕 친구야, 너는 어디서 왔니?" 쁘띠는 몽당연필에서 내려 별님에게 손을 내밀며 대답했습니다. "나는 지구에서 왔단다. 지구는 파란 강과 바다가 있고 초록 숲이 있는 곳이란다." 별님은 얼굴을 조금 찡그리며 다시 물었습니다. "초록 숲이 많지는 않은 것 같던데, 검은 강도 있던데." 쁘띠는 무슨 이야기인지 잘 몰라서 고개를 갸우뚱하고는 계속 걸어갔습니다. 그러자 앞에 노랑나라를 지키고 있는 요정이 나타났습니다. 요정은 한 손에는 하얀 구름지팡이를 들고 한 손에는 노란 번개 모양의 화살을 들고 있었습니다. 쁘띠는 귀여운 요정에게 물었습니다. "구름지팡이와 번개 모양의 화살은 어디에 쓰는 거죠?" 요정은 대답했습니다. "해님을 항상 빛나게 하고 지구에 맑은 물을 보내 주는 마법의 도구란다."

요정은 지구의 강과 산 그리고 바다에 대해 많은 이야기를 들려주었습니다. 맑은 물이 있고 초록 잎을 가진 나무가 많은 산에는 많은 물고기와 새와 동물들이 있었는데, 언제부터인가 개구리, 미꾸라지, 메뚜기, 우렁이 등 친구들이 없어졌다는 것입니다. 쁘띠네 집 옆에 있는 개울과 저수지의 물은 옛날보다 맑지 않아 붕어들이 숨을 제대로 못 쉰다고 합니다. "왜 그럴까?" 쁘띠는 요정에게서 놀라운 사실을 알게 되었습니다. 공장이 많이 생기고 집들도 많아지면서 사람들이 버린 음식 찌꺼기와 과자 봉지 같은 쓰레기들이 강과 산을 아프게 하고 있다는 것이었습니다. 쁘띠는 별님이 지구에 초록 숲이 적다고 한 말이 생각났습니다. 그리고 요정에게 말했습니다. "지구에 돌아가면 친구들에게 이야기해 줄게, 노랑나라에서 지구를 걱정하고 있다고." 그러자 요정은 노랑나라의 비밀을 알려 주었습니다. 바로 마법의 도구를 사용하는 방법이었습니다. 구름지팡이와 번개 모양의 화살은 마법을 부리는 도구인데, 마법을 부리기 위해서는 꼭 필요한 것이 있다고 합니다. 바로 일곱 색깔 구슬이었습니다. 요정은 일곱 색깔의 구슬에 대해 설명해 주었습니다. 빨간 구슬은 생명을 주는 구슬입니다. 사람들의 몸속에 흐르는 붉은 피처럼 항상 건강하게 지낼 수 있도록 도와준다고 합니다. 노란 구슬은 웃음을 주는 구슬입니다. 그리고 초록 구슬은 깨끗한 자연, 파란 구슬은 바다같이 젊은, 보라색 구슬은 생각하는 힘이라고 합니다. 나머지는 잘 생각해 보라며 다 알려 주지는 않았습니다.

쁘띠는 요정이 말한 비밀을 누구에게도 말하지 않겠다고 약속했습니다. 그리고 부탁했습니다. "계속 지구를 도와줄 수 있도록 일곱 개 구슬을 잘 간직해 줘." 정신없이 요정과 이야기를 하는 동안 시간이 많이 흘렀습니다. 침대에 누워 있을 곰돌이와 왕토끼가 생각났습니다. 그리고 조금 피곤해서 이제는 집으로 돌아가야 하겠다고 생각했습니다. 쁘띠는 지구로 돌아오면서 빨리 봄이 왔으면 좋겠다고 생각했습니다. 노란 개나리가 활짝 피면 노랑나라 요정이 지구에 놀러와 함께 땅따먹기하며 놀 수 있을 거라고 생각했기 때문입니다. 집에 돌아와서는 바로 잠이 들었습니다.

다음 날 아침, 쁘띠는 늦잠을 잤습니다. 그런데 참 기분이 좋습니다. 날씨가 아주 좋기 때문입니다. 드디어 비가 그치고 밝은 해님이 나온 것입니다. 이제는 친구들과 땅따먹기 놀이도 할 수 있습니다. 몽당연필을 타고 하늘로 날아간 것은 지난밤 꿈이었습니다. 그런데 참 신기한 일이 일어났습니다. 지난밤 꿈에 요정에게서 들은 일곱 개 구슬처럼 예쁜 무지개가 뜬 것입니다. 빨강, 주황, 노랑, 초록, 파랑, 남색, 보라색의 일곱 가지 빛깔 예쁜 무지개가 해님을 보며 빙그레 웃는 것 같았습니다.

창밖에 미루나무가 한 그루 있다
바람만 불면 불면不眠하는 나무
달빛이 방 안을 엿보는 보름날
웬 빗소린가 하였더니
나뭇잎이 바르르 떤다

달빛 속의 미루나무, 〈Wood print on Hanji, 1998〉

기울어진 벤취

맑은 날
볕이 덥고도 환한 날
시원한 그늘을 가진
기울어진 나무 의자를
바라보는 건
가우뚱 아가를 기다리는 기쁨
바람따라 고개를 기울이고
벤취를 닮아 가는 건
벤취에 누워 하늘을
바라보는 건
참 시원한 기쁨이다

松웅 2000.5.11.

기울어진 벤치, 〈Wood print on Hanji, 2000〉

하하!
사이다 한 병이 그렇게 좋았지
전날 밤부터 머리맡에 두고 아끼던 사이다병
소풍갈 땐 사이다가 있어서 좋았지
신이 나서 덜렁거리다가 깨 버렸을 때
보글거리는 흰 거품을 보며 소풍을 망쳤었지
언제부터인가 소풍이란 걸 잊고
그때 기억은 추억으로만 간직하고 어른이 되었어
오늘은 문득 사이다 한 병 사 들고 소풍을 가고 싶다

소풍 가던 날, 〈Wood print on Hanji, 1999〉

The Hug of Three Turtles, ⟨Acrylic on canvas, 2011⟩

행복한 나무에는 열매만 열리지 않고, 초록 잎들만
흔들리지 않아, 이른 아침 논두렁에 풀, 그 손들 위에
앉은 이슬이 발목을 적실 때 느낄 수 있는 맑은
기운 같은 사랑이 따뜻한 심장으로 가득하다.

해피트리, ⟨Acrylic and collage on paper, 2012⟩

해피트리, 〈Artpen on paper, 2012〉

시장 골목, 〈동부시장, 서산시, 1991〉

시장 골목, 회색 시멘트벽 아래 앉은 할머니는 아이에게 뭔가를 건네줍니다. 할머니가 건네는 것은 우리가 마음속에 지니고 있는 고향, 소박함, 가족을 아우르는 정情이 아닐까 합니다.

1991년 여름 아르바이트로 장만한 수동카메라(FM2)를 들고 고향 시장 골목을 돌아다니며 여러 통의 필름으로 흑백사진을 찍었습니다. 그 사진들 중 가장 마지막 컷입니다. 마지막 필름에 담긴 사진이 가장 마음에 드는 것을 보면 참 신기합니다. 마지막이라는 말은 항상 쓸쓸한데 가장 따듯한 느낌을 남겼으니까요.

■ **자평**自評

바다에서 건져 올리는 별,
사적私的인 시간의 역사, 그건 바로 시詩다

　건축에서 자연의 재료인 흙과 나무와 돌로 집을 짓는다는 것과, 문학에서 문자로 시를 짓는다는 것은 닮은꼴이다. 바다에서 고기를 잡는다는 것과 삶에서 시를 건져 올리는 것도 엇비슷하니, 어부와 시인은 동질의 운명이라고 말할 수 있을 것 같다. 어느 시인은 "어부가 바다에서 물고기를 건져 올리듯 시인이 밤바다에서 별을 건져 올린다."라고도 말한 바 있다.
　나의 사적인 시의 역사는 대학에서 건축을 공부하면서부터 시작되었다. 가장 큰 동기는 시인 이상이 제공해 주었다. 「오감도」를 읽고, 이상이 뛰어난 건축학도였다는 것을 알게 된 후 그가 설계한 건물을 찾고자 이상 관련 책을 읽고 한 달 정도 발품을 팔아 옛 흔적을 조사한 적이 있다. 결국은 '설계 김해경'이라고 기록된 건축물은 발견하지 못하였지만, 조선총독부 건축기수, 의주통 공사장 현장근무, 건축잡지『조선과 건축』표지디자인 당선 등 그의 흔적을 확인하고 동질감 속에 건축과 시라는 존재가 내 삶에 동거하기 시작하였다. 건축에서 다루는 공간을 시로 표현하고 이상의 공간을 이해하고자 바슐라르의『공간의 시학』을 읽어 보기도 했다. 어려운 철학 서적을 평범한 사람이 다 소화하기는 어려웠다. 그러나 이상의 시는 사람들이 살아가는 틀, 모든 집들에 대한 생각이 아니었을까 하는 생각을 하게 되었다. 사람을 둘러싼 자연환경과 인문환경을 디자인하는 것이 건축인 것처럼, 시는 이상이 바라보는 세상에 대한 글로 쓴 디자인이었을 것 같다. 이상에 대한 이끌림으로 나의 졸업 설계 작품은 이상 기념관이었다. 그리고 나만의 시 설계 작품을 계속하여 이렇게 책까지 내게 되었으니 이 책이 있게 한 운명적 인연이라고 해도 과언이 아닐 것 같다.

    아파트 옥상에 침대를 놓고
    비상구로 1층을 올라
    비상구로 2층을 올라
    비상구로 3층을 올라
    비상구로 4층을 올라
    비상구로 5층을 올라
    아무 층이나 다 올라

    (…중략…)

1층을 향해
2층을 향해
3층을 향해
아무 층이나 지나
뒷문으로 나와
지하철 환기통에 씨를 버리고
재빠르게 개미굴로 들어간다

아침 이슬이 지하철에까지 뿌리를 내린다.
지상에 나가면 옥상 위에까지 숲이 무성할지도 모른다.
—「헉헉거림」 부분

공空은 영원한 미美요, 채울 수 없기에 언제나 설렌다
—「공空」 전문

방은 커서 쓸쓸하였다
방, 방, 방
메아리치는 방은
커서 쓸쓸하였다
밤, 밤, 밤, 메아리는
밤에도 잠들지 않았다.
—「빈방」 전문

하늘이 너무 예뻐요
노을 지는 하늘에 그린
창밖의 집은
네모난 틀에 들어앉아

귀가하는 당신을 기다리는군요
―「창문」 부분

하얀 종이 위에는
네모난 점, 굵고 가는 선
아직 현장에 나가지 않은 도면 속에는
집은 그렇게만 존재한다.

(…중략…)

문자로 지은 집에 마지막으로
뾰족 지붕을 대신해 시옷자를 얹으면
바람도 비켜 갈 나만의 집이 만들어지니
하얀 종이 위에는, 머지않아
히읗자를 닮은 행복한 시집이 만들어질 것 같다.
―「문자로 지은 집」 부분

철가방을 든 멋진 사나이가 있었다
한 손에는 짜장면을 들고 한 손으로 오토바이 핸들을 잡고는
좁은 골목을 잘도 빠져 다녔다
절대 성인영화라고 써 붙인 영화 포스터 즐비한 뒷골목을
갈 때도, 멋진 사나이는 한눈팔지 않고
열심히 철가방을 날랐다
―「꿈을 담은 철가방」 부분

    시의 구석구석에는 다양한 공간들이 점점이 박혀 있기도 하고 공간이 한가운데 존재하기도 한다. 「헉헉거림」은 대학

시절 쓴 시다. 공간에 대한 경직된 느낌을 볼 수 있다.「공空」,
「빈방」 등은 그 이후의 것들이고 21세기 들어 쓴「문자로 지
은 집」을 보면 많은 변화를 느낄 수 있다. 내 시 속의 공간은
처음에는 견고하고 어두웠으나 시간이 지나면서 가볍고 밝아
졌다고 할 수 있다. 다른 시에서도 공간에 대한 이야기가 나
오고 때론 공간이 시간과 포개어지기도 하는데 때가 되면 공
간만으로 구성된 시집을 내고자 한다. 그만큼 공간은 나에게
시간처럼 의미 있는 것이다.

  나의 시들은 서문에서도 밝혔듯이 바다에서 물고기를 건져
올리듯, 바다에서 별을 건져 올리듯 그저 평범한 삶에서 태어
난 것들이다. 가장 평범한 그래서 소중한 기억들이라고 할 수
있다. 어릴 적 기억이 그렇고, 치열했던 대학생활과 거칠 것
없었던 군 생활과 건설현장에서 기록한 흔적들이 그렇다.「꿈
을 담은 철가방」은 오피스를 신축하던 역삼동 706 현장에서
건축기사(박기사)가 그 주인공을 만나지 않았다면 쓰지 못했
을지도 모르는 시다.

      봄 오는 강둑
      초록 싹 나오면
      하얀 꽃을 보여 주던 삐비
      뽀송한 솜털을 덮으며 수줍어하던
      할미꽃 옆에서
      그는 속살을 하얗게 드러내고
      봄맛을 보여 주었다.

스물아홉 살
봄이 오는 강둑에
회색 재 뿌리며 콩 심던 어머니
호미 든 어머니는
흑백사진이 되어
강둑에 걸어오신다.

―「삐비꽃」전문

    잠자리에 들기 전 여섯 살 아들과 나누는 옛날이야기 속에는 나의 어릴 적 풍경들이 가득하다. 누렁이가 밤마다 검정 고무신을 물고, 국민학교 가는 산길에는 여우 동굴이 아버지의 어릴 적 이야기를 들추어낸다.
    그렇게 더듬어 가는 이야기 위로, 살포시 셀 수 없는 시간과 공간이 포개어지고, 팔베개를 누르는 주먹만한 아들의 눈빛이 알 수 없는 호기심과 질문으로 반짝일 때면,
    기억 저편에 잠시 숨겨 놓았던 것들은, 손바닥만한 마당을 비추다 모깃불을 피해 애써 처마 뒤로 숨으려던 여름밤 별처럼 침대 위로 쏟아진다.

―「기억과의 대화」전문

아빠 눈에 찬이 있다
응……
아빠 눈에 찬이가 있어요
아……
찬이 눈에도 아빠가 있네

―「아가와의 대화」부분

「삐비꽃」,「기억과의 대화」 등 오래된 기억에서 시작된 시들은 잊히지 않는 기억이 원인이었다. 그리고「아가와의 대화」처럼 사소한 일상의 행복한 순간을 기록하고자 의도한 것들이다. 대학에 입학하여 처음 고향을 떠났을 때 전기가 들어오지 않던 옛 시골의 아련한 기억은 더욱 새로워졌었고, 유학생으로 잉글랜드에 체류하는 동안 과거의 시간은 다시 살아나 많은 사적인 시간의 역사에 생명을 주었다. 잃었던 기억이 다시 살아나는 걸 보면서 그 재생력은 어디에서 오는 것일까 의문을 품으며 시간과 공간의 포개어짐을 생각하기도 했었다. 마침 수업 시간에 다루던 논문의 한구석에 인용되어 있던 말, 정확히 기억나지는 않지만 '공간에 의한 시간의 소멸'이라는 하이데거의 이해하기 어려운 말이 이를 더 자극했었다. 기억은 시공간을 초월하는 것 같다. 그리고 항상 같은 자리에 있는 것 같지는 않다. 적당한 장소 적당한 시간이 되면, 즉 때가 되면 시간과 공간이 서로 만나 기억을 가진 생명체에게 힘을 주는 것 같다. 그 기억의 가운데에는 아버지 어머니가 계시고, 그 자리를 물려받은 나와 아내의 모습이 있고, 한 세대를 새로 시작하는 아들이 있다.

시인 박정식

1971년 충남 서산 출생
연세대학교 건축공학과, 동 대학원 졸업
2002년 『시와시학』으로 등단.
현 송향건축디자인 근무

E-mail: etoileb612@hanmail.net

강촌물의 언어

지은이 | 박정식
펴낸이 | 김재돈
펴낸곳 | 시와시학 도서출판
1판1쇄 | 2012년 11월 10일
출판등록 | 2010년 8월 10일
등록번호 | 제2010-000036호
주소 | 서울 종로구 명륜동1가 42
전화 | 744-0110
FAX | 3672-2674
값 8,000원

ISBN 978-89-94889-43-6 03810

* 저자와의 협의에 의해 인지를 생략합니다.

* 잘못된 책은 바꾸어 드립니다.